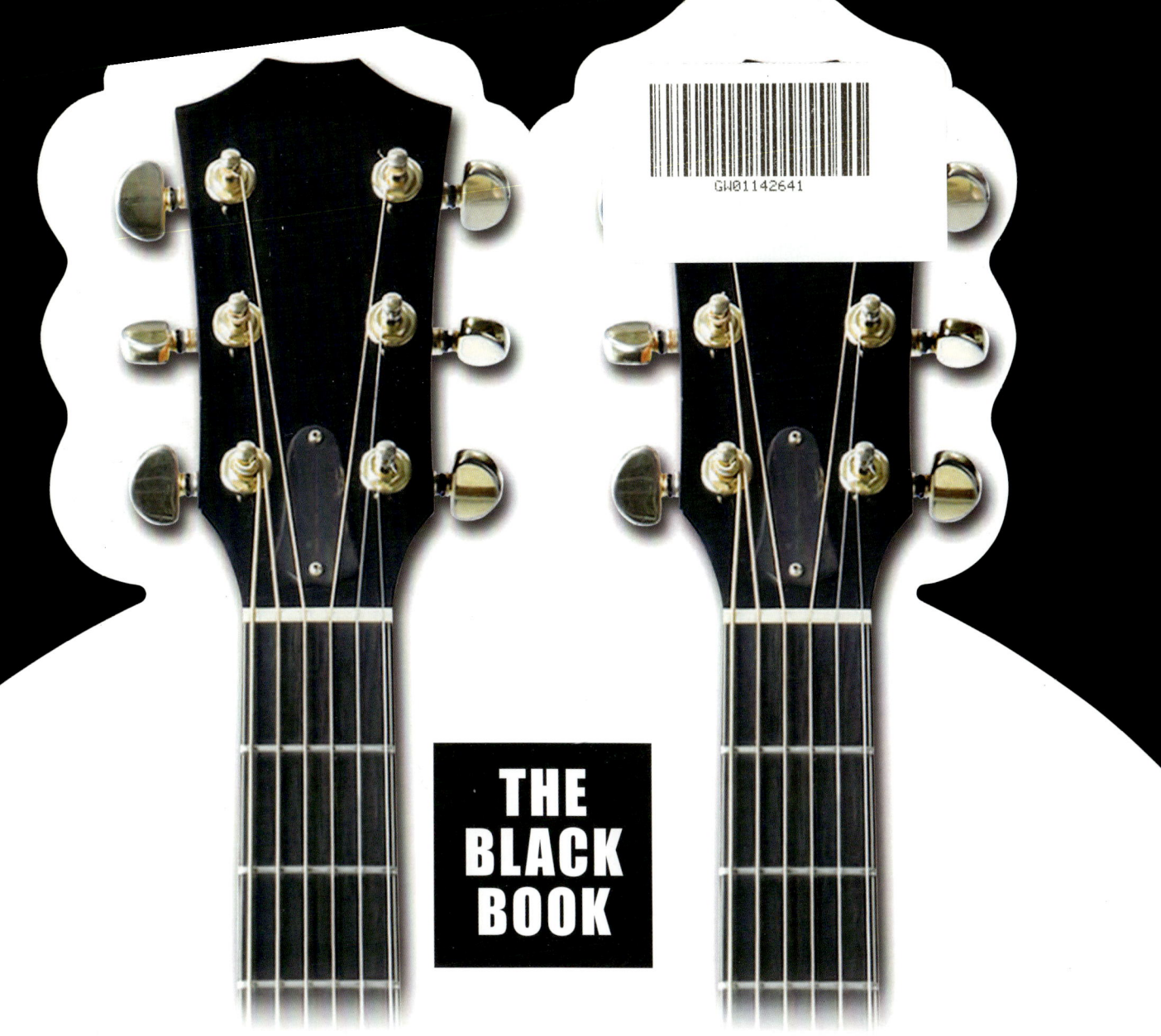

THE BLACK BOOK

THE EASIEST GUITAR BOOK IN THE WORLD

OVER 20 SONGS WITH JUST 4 CHORDS

Wise Publications
part of The Music Sales Group
London / New York / Paris / Sydney / Copenhagen / Berlin / Madrid / Hong Kong / Tokyo

Published by Wise Publications
14-15 Berners Street, London W1T 3LJ, UK.

Exclusive Distributors:
Music Sales Limited
Distribution Centre, Newmarket Road, Bury St Edmunds, Suffolk IP33 3YB, UK.

Music Sales Corporation
257 Park Avenue South, New York, NY 10010, USA.

Music Sales Pty Limited
20 Resolution Drive, Caringbah, NSW 2229, Australia.

Order No. AM1002881
ISBN: 978-1-84938-979-2
This book © Copyright 2011 Wise Publications, a division of Music Sales Limited.

Unauthorised reproduction of any part of this publication by any means including photocopying is an infringement of copyright.

Music arranged and processed by Tom Fleming
Cover and book design by Fresh Lemon
Project manager and music editor: Tom Farncombe

Your Guarantee of Quality
As publishers, we strive to produce every book to the highest commercial standards.
This book has been carefully designed to minimise awkward page turns and to make playing from it a real pleasure.
Particular care has been given to specifying acid-free, neutral-sized paper made from pulps which have not been elemental chlorine bleached.
This pulp is from farmed sustainable forests and was produced with special regard for the environment.
Throughout, the printing and binding have been planned to ensure a sturdy, attractive publication which should give years of enjoyment.
If your copy fails to meet our high standards, please inform us and we will gladly replace it.

www.musicsales.com

ALL THROUGH THE NIGHT 4
AMAZING GRACE 6
AULD LANG SYNE 8
BEAUTIFUL DREAMER 10
THE BLACK VELVET BAND 12
DOWN BY THE RIVERSIDE 14
DOWN IN THE VALLEY 16
EARLY ONE MORNING 18
THE FOGGY FOGGY DEW 20
GOD SAVE THE QUEEN 22
IN THE PINES 24

JINGLE BELLS 26
LOCH LOMOND 28
MY BONNIE LIES OVER THE OCEAN 30
OH! SUSANNA 32
SHE'LL BE COMING 'ROUND THE MOUNTAIN 34
SHENANDOAH 36
SILENT NIGHT 38
ST. JAMES INFIRMARY BLUES 40
SWING LOW, SWEET CHARIOT 42
WHEN THE SAINTS GO MARCHING IN 44
WILL THE CIRCLE BE UNBROKEN 46

    D   **G**   **Em**   **A⁷**
2. While the moon her watch is keeping,

   G A⁷   **D**
   All through the night.

   D   **G**   **Em**   **A⁷**
   While the weary world is sleeping,

   G A⁷   **D**
   All through the night.

   Em
   Through your dreams you're swiftly stealing,

                    A⁷
   Visions of delight reveal - ing.

   D   **G**   **Em**   **A⁷**
   Christmas time is so ap - pealing,

   G A⁷   **D**
   All through the night.

    D   **G**   **Em**   **A⁷**
3. You, my God, a babe of wonder,

   G A⁷   **D**
   All through the night.

   D   **G**   **Em**   **A⁷**
   Dreams you dream can't break from thunder,

   G A⁷   **D**
   All through the night.

   Em
   Children's dreams cannot be broken,

                  A⁷
   Life is but a lovely to - ken.

   D   **G**   **Em** **A⁷**
   Christmas should be softly spoken,

   G A⁷   **D**
   All through the night.

2.   **G**   **C**   **G**
   'Twas Grace that taught my heart to fear,
          D7
   And Grace my fear re - lieved.
       G   **G7**   **C**   **G**
   How precious did that Grace ap - pear,
      D7   **C**   **G**
   The hour I first be - lieved.

3.   **G**   **C**   **G**
   Through many dangers, toils and snares,
          D7
   We have already come.
       G   **G7**   **C**   **G**
   'Twas Grace that brought us safe thus far,
      D7   **C**   **G**
   And Grace will lead us home.

4.   **G**   **C**   **G**
   When we've been there ten thousand years,
          D7
   Bright shining as the sun.
       G   **G7**   **C**   **G**
   We've no less days to sing God's praise,
      D7   **C**   **G**
   Than when we first began.

2.   **C**   **G**
    And here's a hand, my trusty friend,

        C   **F**
    And give us a hand of thine.

        C   **G**   **E7**
    We'll take a cup of kindness yet,

    F   **G**   **C**
    For auld lang syne.

       C   **G**
    For auld lang syne, my dear,

      C   **F**
    For auld lang syne.

        C   **G**   **E7**
    We'll take a cup of kindness yet,

    F   **G**   **C**
    For auld lang syne.

       C   **Dm⁷**
2. Beautiful dreamer out in the sea,

   G⁷   **C**
   Mermaids are chaunting the wild Lore - lie.

                   Dm⁷
   Over the streamlet vapours are borne,

   G⁷   **C**
   Waiting to fade at the bright coming morn.

   G⁷   **C**
   Beautiful dreamer, beam on my heart,

   Dm⁷   **G⁷**
   E'en as the morn on the streamlet and sea.

      C   **Dm⁷**
   Then will all clouds of sorrow depart,

   G⁷   **C**
   Beautiful dreamer, awake unto me!

   F   **C**   **G⁷**   **C**
   Beautiful dreamer, a - wake unto me!

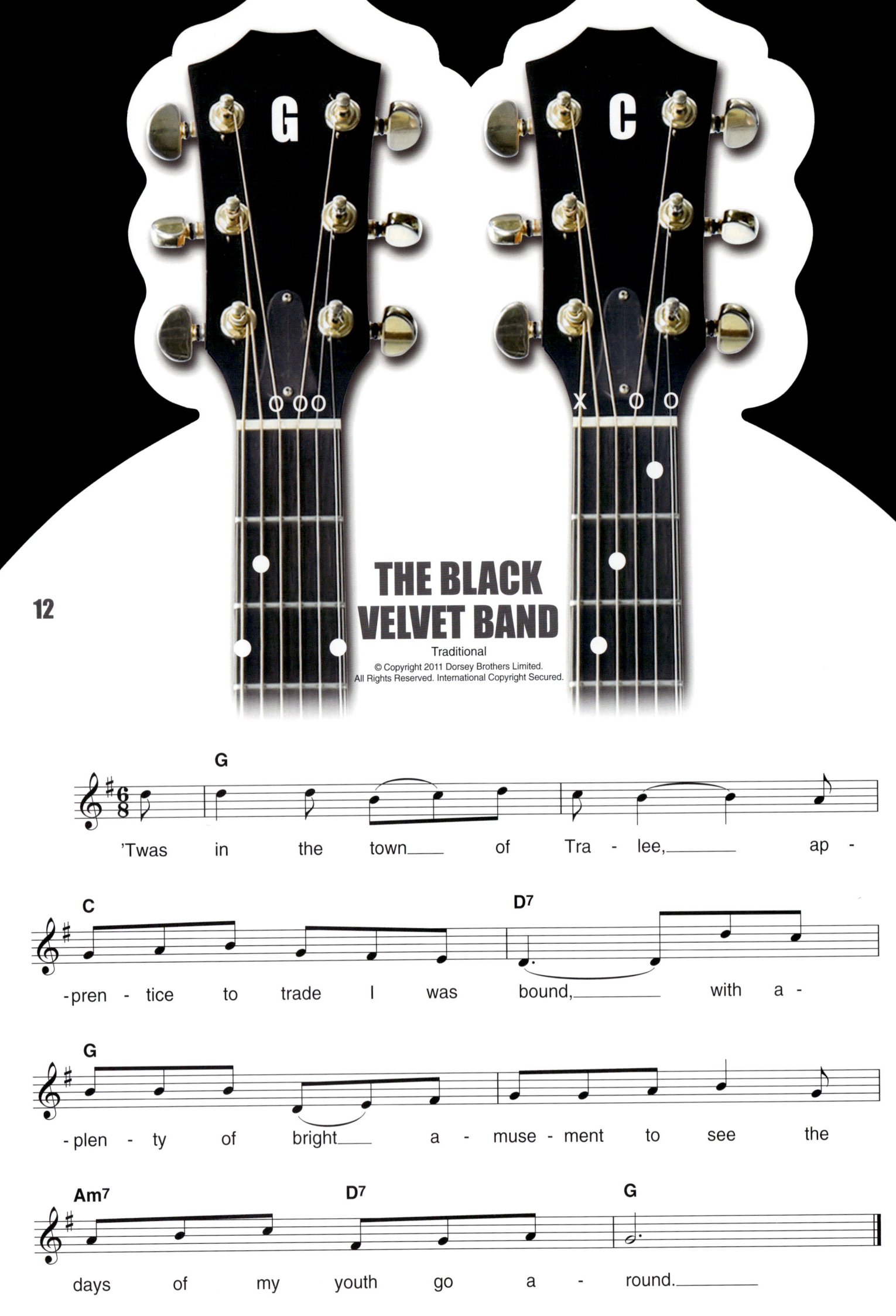

        G
2. Mis - fortune and trouble came o'er me,
        C   **D7**
Which caused me to stray from the land.
        G
Far away from my friends and relations,
Am7   **D7**   **G**
To follow the Black Velvet Band.

        G
3. Her eyes, they sparkled like diamonds,
        C   **D7**
You'd think she was queen o' the land.
        G
With her hair thrown over her shoulders,
Am7   **D7**   **G**
Tied up with a Black Velvet Band.

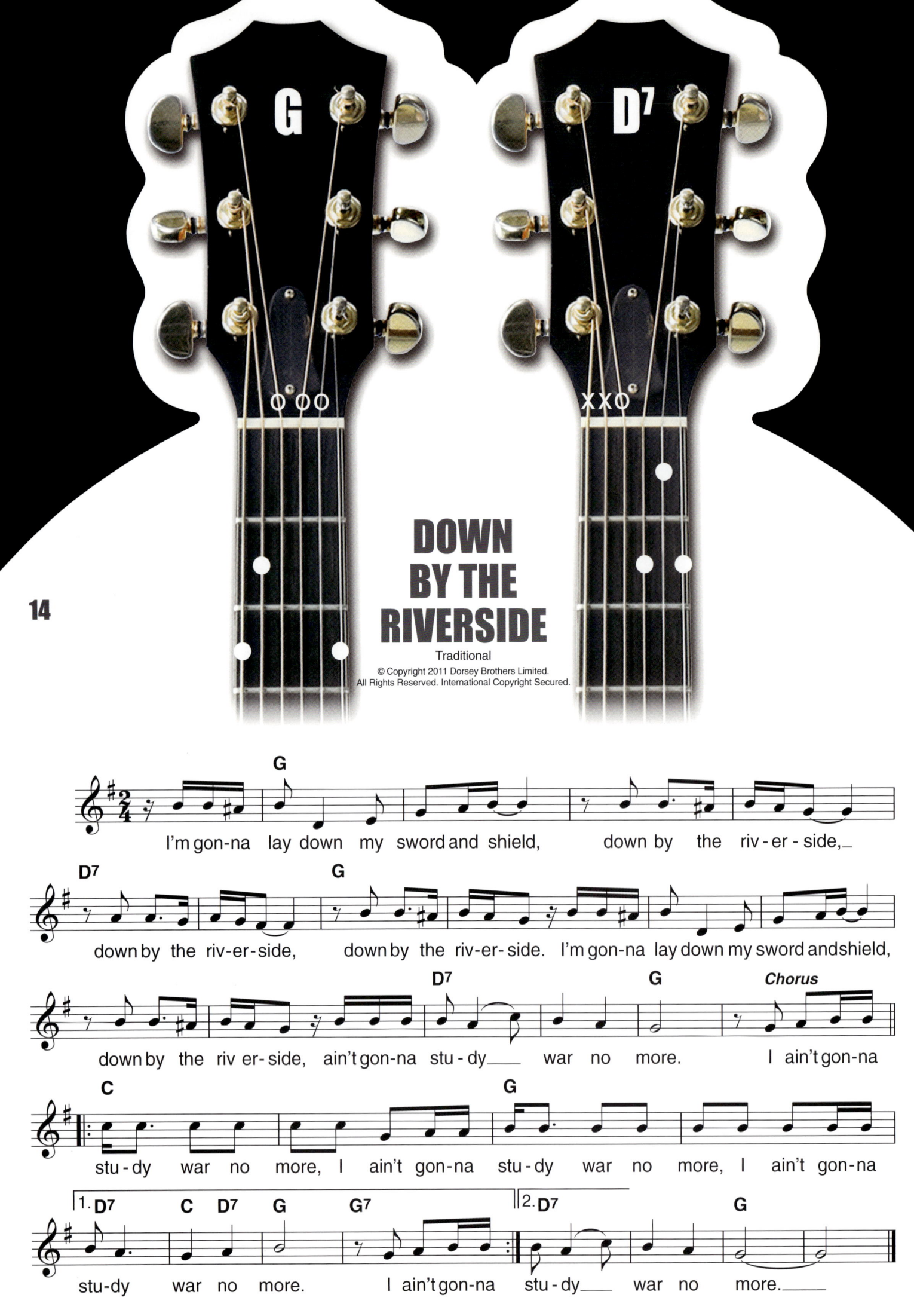

2. I'm gonna put on my long white **G** robe,

   D7
   Down by the riverside, down by the riverside,

   G
   Down by the riverside.

   I'm gonna put on my long white robe,

   Down by the riverside,

   D7   **G**
   Ain't gonna study war no more.

   Chorus

3. I'm gonna put on my starry **G** crown,

   D7
   Down by the riverside, down by the riverside,

   G
   Down by the riverside.

   I'm gonna put on my starry crown,

   Down by the riverside,

   D7   **G**
   Ain't gonna study war no more.

   Chorus

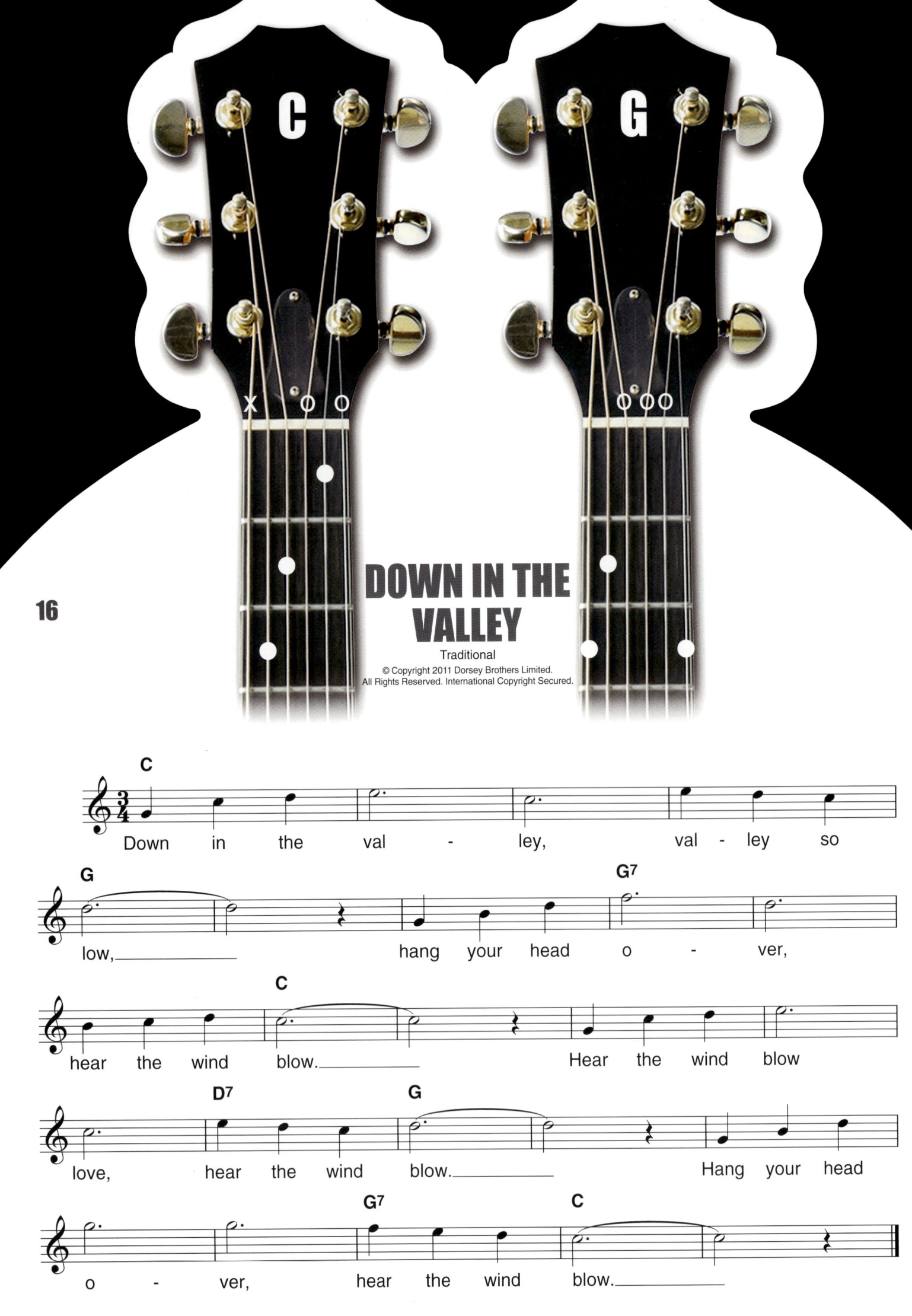

      C
2. Give my heart ease love,

               G
Oh give my heart ease.

            G7
Think of me darling,

          C
Give my heart ease.

Write me a letter,

D7   **G**
Send it by mail.

Send it in care of

G7   **C**
Birmingham jail.

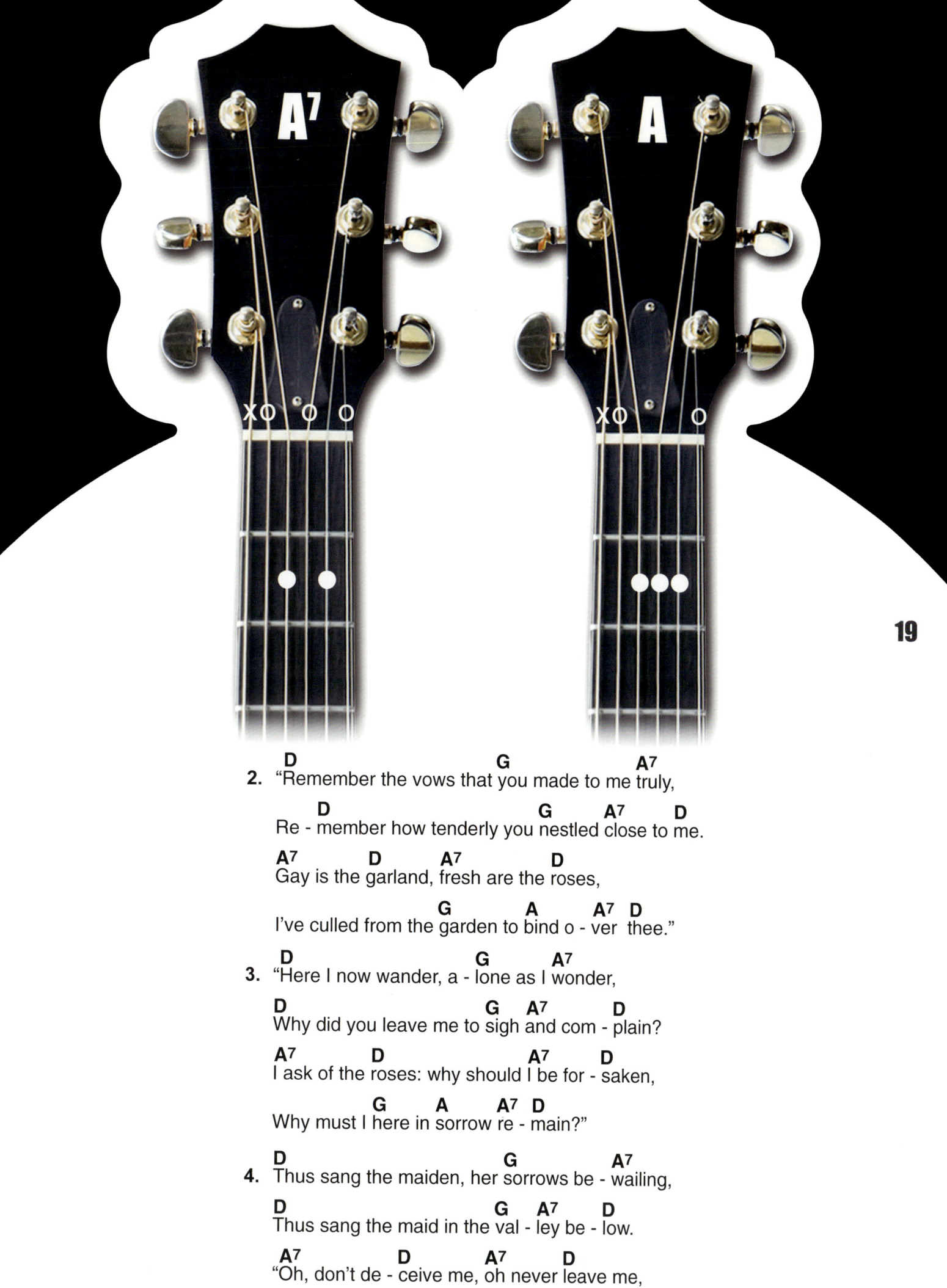

      D   **G**   **A⁷**
2. "Remember the vows that you made to me truly,

      D   **G**   **A⁷**   **D**
Re - member how tenderly you nestled close to me.

A⁷   **D**   **A⁷**   **D**
Gay is the garland, fresh are the roses,

                G   **A**   **A⁷ D**
I've culled from the garden to bind o - ver thee."

     D   **G**   **A⁷**
3. "Here I now wander, a - lone as I wonder,

D   **G** **A⁷**   **D**
Why did you leave me to sigh and com - plain?

A⁷   **D**   **A⁷**   **D**
I ask of the roses: why should I be for - saken,

          G   **A**   **A⁷ D**
Why must I here in sorrow re - main?"

     D   **G**   **A⁷**
4. Thus sang the maiden, her sorrows be - wailing,

D   **G**   **A⁷**   **D**
Thus sang the maid in the val - ley be - low.

A⁷   **D**   **A⁷**   **D**
"Oh, don't de - ceive me, oh never leave me,

         G   **A**   **A⁷ D**
How could you use a poor maid - en so?"

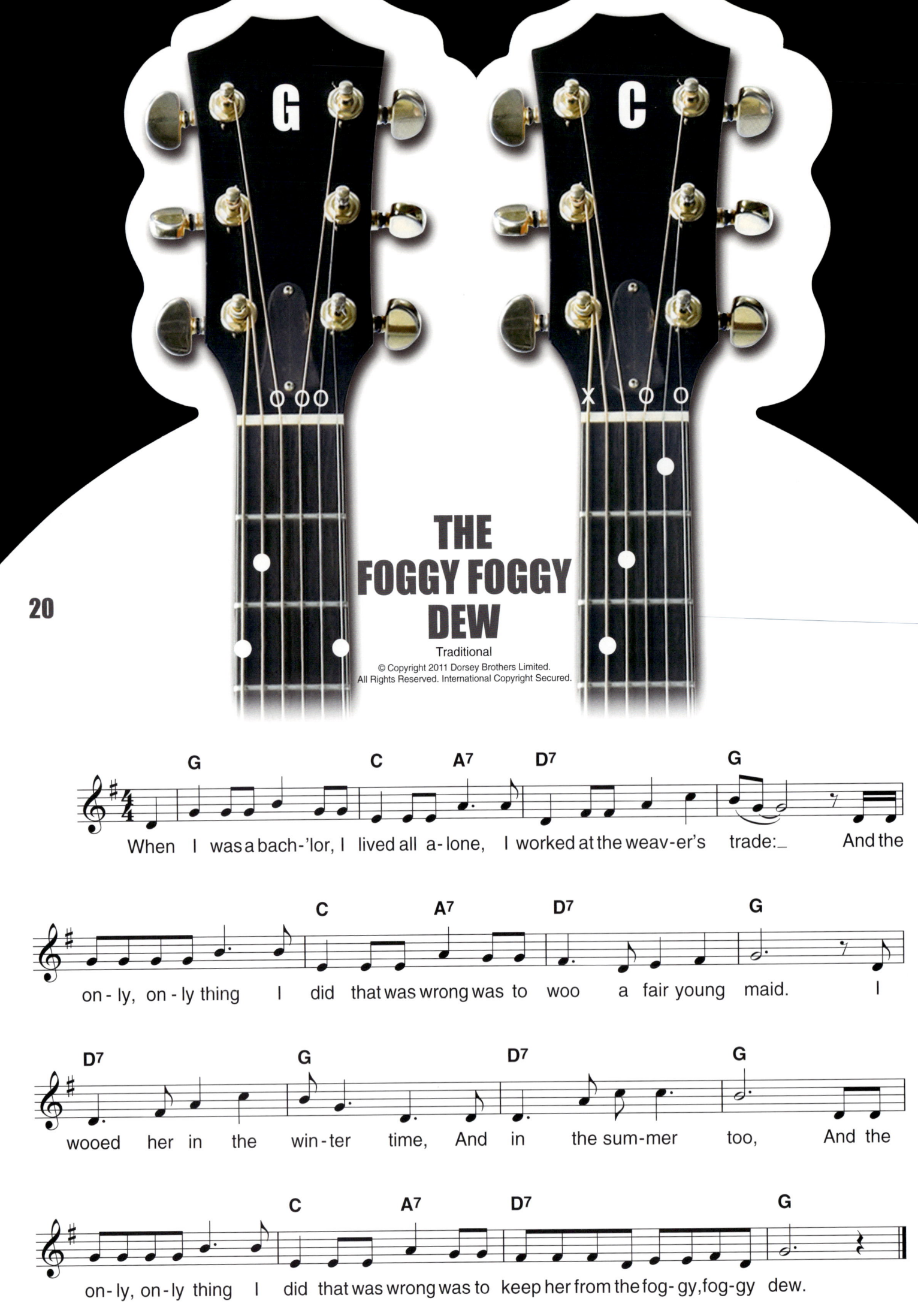

2. **G**   **C**   **A⁷**
One night she knelt close by my side,
    D⁷   **G**
When I was fast a - sleep.

                      C   **A⁷**
She threw her arms around my neck,
    D⁷   **G**
And then began to weep.

    D⁷   **G**
She wept, she cried, she tore her hair,
   D⁷   **G**
Ah me, what could I do?

                    C   **A⁷**
So all night long I held her in my arms,
    D⁷   **G**
Just to keep her from the foggy, foggy dew.

3. **G**   **C**   **A⁷**
A - gain I am a bach'lor, I live with my son,
    D⁷   **G**
We work at the weaver's trade.

                      C   **A⁷**
And every single time I look into his eyes,
    D⁷   **G**
He re - minds me of the fair young maid.

    D⁷   **G**
He reminds me of the winter time,
    D⁷   **G**
And of the summer too.

                          C   **A⁷**
So many, many times that I held her in my arms,
    D⁷   **G**
Just to keep her from the foggy, foggy dew.

      G   **Am** **D7**
2. Thy choic - est   gifts in store,

   G   **C G**   **D G**
On her be pleased to pour,

Am G   **D7 G**
Long may she reign.

                 D7 G
May she defend our laws,

D7   **G D7**
And ever give us cause,

G   **D7 G**
To sing with heart and voice,

C   **G**   **D7 G**
God save the Queen.

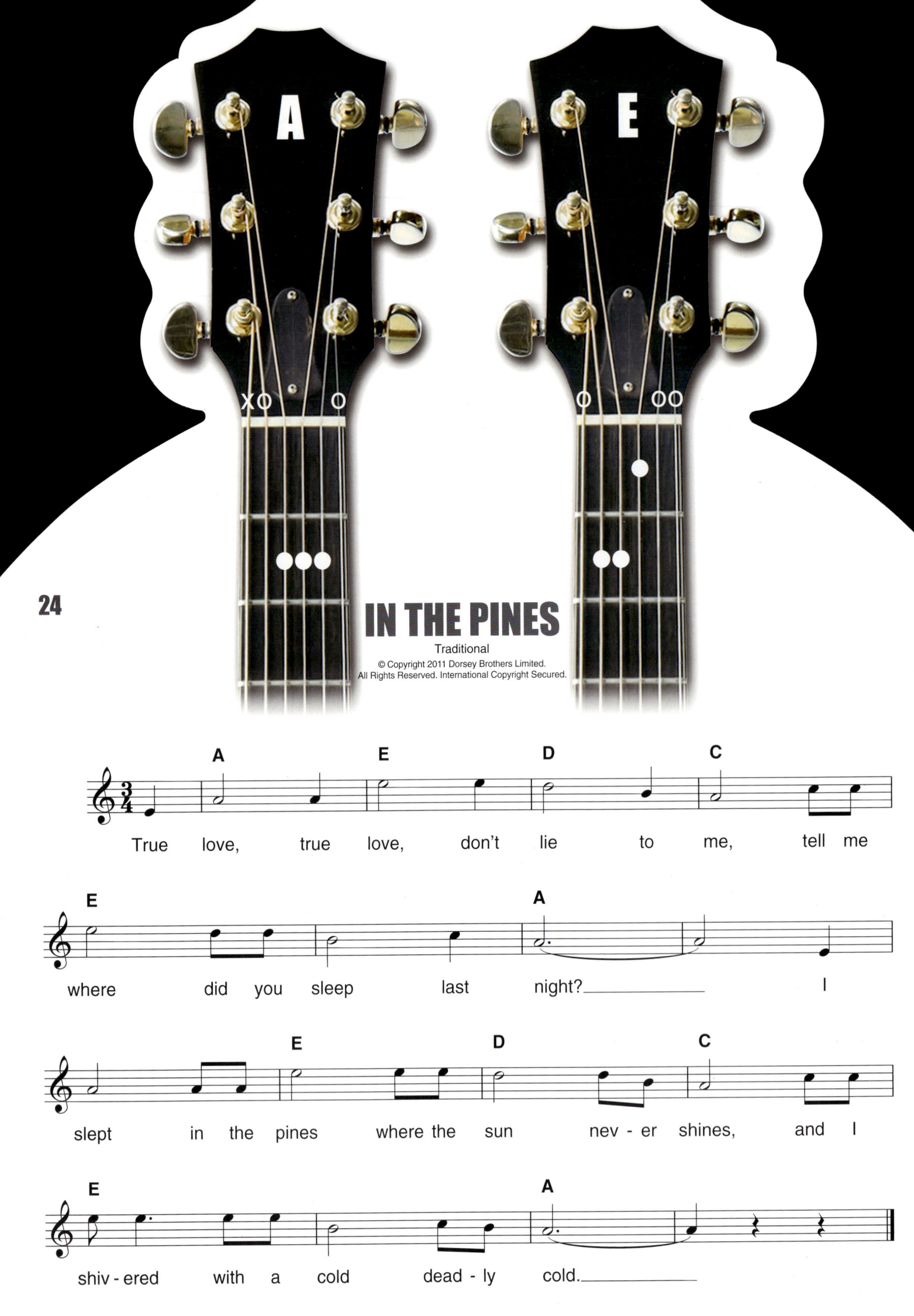

       A   **E**   **D**   **C**
2. The longest train I ever did ride

        E   **A**
   Was a hundred coaches long,

        E   **D**   **C**
   The only woman I ever did love

        E   **A**
   She's on that train and gone.

       A   **E**   **D**   **C**
3. True love, true love, tell me where where will you go?

        E   **A**
   I'm gonna go where the cold winds blow.

            E   **D**   **C**
   I'm gonna weep, gonna cry, gonna moan, gonna sigh,

        E   **A**
   Gonna dance in my good-time clothes.

2.   **G**
   A day or two ago,

             C
   I thought I'd take a ride,

                 D7
   And soon Miss Fanny Bright

          G
   Was seated by my side.

   The horse was lean and lank,

             C
   Misfortune seemed his lot;

         D7
   We ran into a drifted bank

           G
   And there we got upsot.

   Chorus

3.   **G**
   Now the ground is white,

             C
   Go it while you're young.

              D7
   Take the girls a - long,

               G
   And sing this sleighing song.

   Just get a bob-tailed bay,

           C
   Two-forty for his speed.

            D7
   Hitch him to an open sleigh,

               G
   And crack! You'll take the lead.

   Chorus

2.   'Twas there that we **G** parted,
    In yon **C** shady glen,
    On the **G** steep, steep side o' Ben Lo - **C** mond. **G**
    Where in **C** purple **G** hue,
    The **Am** Highland hills we **C** view,
    And the **D** morn **G** shines out frae the **C** gloam - **D** ing. **G**

Chorus

3.   The wee bird may **G** sing,
    And the **C** wild flowers spring,
    And in **G** sunshine the waters are sleep - **C** ing. **G**
    But the **C** broken **G** heart,
    It **Am** sees nae second **C** spring,
    And the **D** world **G** does nae ken how we're **C** greet - **D** ing. **G**

Chorus

2.   **G**   **C**   **G**
Last night as I lay on my pillow,
    A⁷   **D⁷**
Last night as I lay on my bed.
    G   **C**   **G**
Last night as I lay on my pillow,
A⁷   **D⁷**   **G**
I dreamt that my Bonnie was dead.

Chorus

3.   **G**   **C**   **G**
Oh blow the winds o'er the ocean,
    A⁷   **D⁷**
And blow the winds o'er the sea.
    G   **C**   **G**
Oh blow the winds o'er the ocean,
A⁷   **D⁷**   **G**
And bring back my Bonnie to me.

Chorus

4.   **G**   **C**   **G**
The winds have blown over the ocean,
    A⁷   **D⁷**
The winds have blown over the sea.
    G   **C**   **G**
The winds have blown over the ocean,
A⁷   **D⁷**   **G**
And brought back my Bonnie to me.

Chorus

   F
2. I had a dream the other night,

      G7   **C7**
When ev'rything was still.

  F
I thought I saw Susanna,

    G7   **C7**   **F**
A-comin' down the hill.

    F
The buckwheat cake was in her mouth,

    G7   **C7**
The tear was in her eye.

   F
Says I, "I'm comin' from the South,

    G7   **C7**   **F**
Su - sanna, don't you cry."

Chorus

      G
2. She'll be drivin' six white horses when she comes,

                                       D7
   She'll be drivin' six white horses when she comes.

     G   **G7**
   She'll be drivin' six white horses,

     C
   She'll be drivin' six white horses,

     G   **D7**   **G**
   She'll be drivin' six white horses when she comes.

      G
3. She'll be wearing a blue bonnet when she comes,

                                   D7
   She'll be wearing a blue bonnet when she comes.

     G   **G7**
   She'll be wearing a blue bonnet,

     C
   She'll be wearing a blue bonnet,

     G   **D7**   **G**
   She'll be wearing a blue bonnet when she comes.

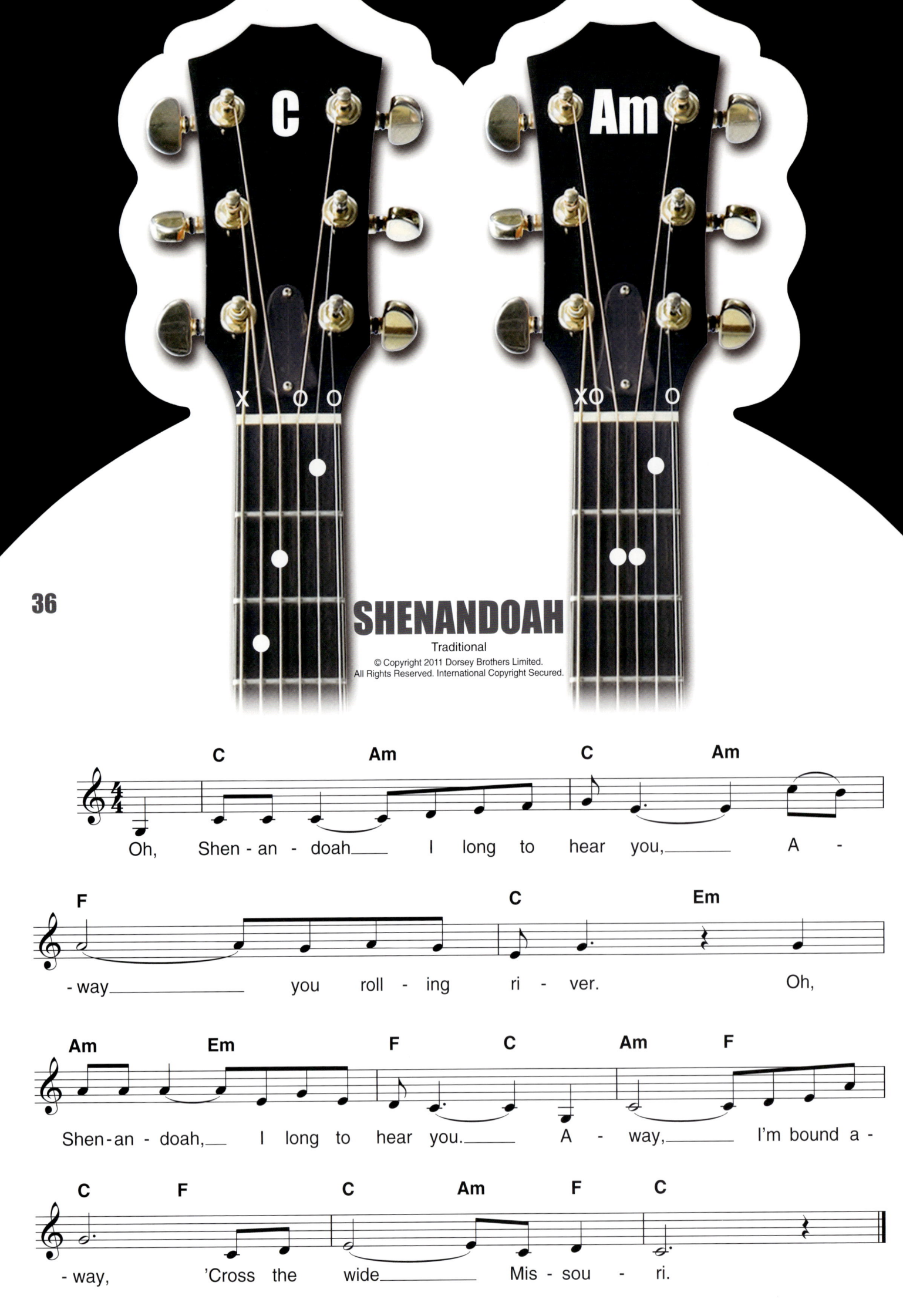

        C   **Am**   **C**   **Am**
2. Oh, Shenandoah,   I love your daughter,

     F   **C**   **Em**
   A - way, you rolling river.

    Am   **Em**   **F**   **C**
   For her I'd cross   your roaming water,

   Am **F**   **C**   **F**
   A - way,   I'm bound a - way,

       C   **Am**   **C**
   'Cross the wide   Missou - ri.

        C   **Am**   **C**   **Am**
3. Oh, Shenandoah,   I'm bound to leave you,

     F   **C**   **Em**
   A - way, you rolling river.

    Am   **Em**   **F**   **C**
   Oh, Shenandoah,   I'll not de - ceive you,

   Am **F**   **C**   **F**
   A - way,   I'm bound a - way,

       C   **Am**   **C**
   'Cross the wide   Missou - ri.

SILENT NIGHT

Words by Joseph Mohr
Music by Franz Gruber

© Copyright 2011 Dorsey Brothers Limited.
All Rights Reserved. International Copyright Secured.

Si - lent night, ho - ly night, All is calm, all is bright. Round yon vir - gin moth - er and child, Ho - ly in - fant, so ten - der and mild. Sleep in hea - ven - ly peace, Sleep in hea - ven - ly peace.

D   **F#m6**

       A
2. Silent night, holy night,

   E   **A**
   Shepherds quake at the sight.

   D   **A**
   Glories stream from heaven afar,

   D   **A**
   Heavenly hosts sing Allelujah!

   E   **A**   **F#m6**
   Christ, the Saviour is born,

   A   **E**   **A**
   Christ, the Saviour is born.

       A
3. Silent night, holy night,

   E   **A**
   Son of God, love's pure light.

   D   **A**
   Radiant beams from Thy holy face,

   D   **A**
   With the dawn of re - deeming grace.

   E   **A**   **F#m6**
   Jesus, Lord, at Thy birth,

   A   **E**   **A**
   Jesus, Lord, at Thy birth.

ST. JAMES INFIRMARY BLUES

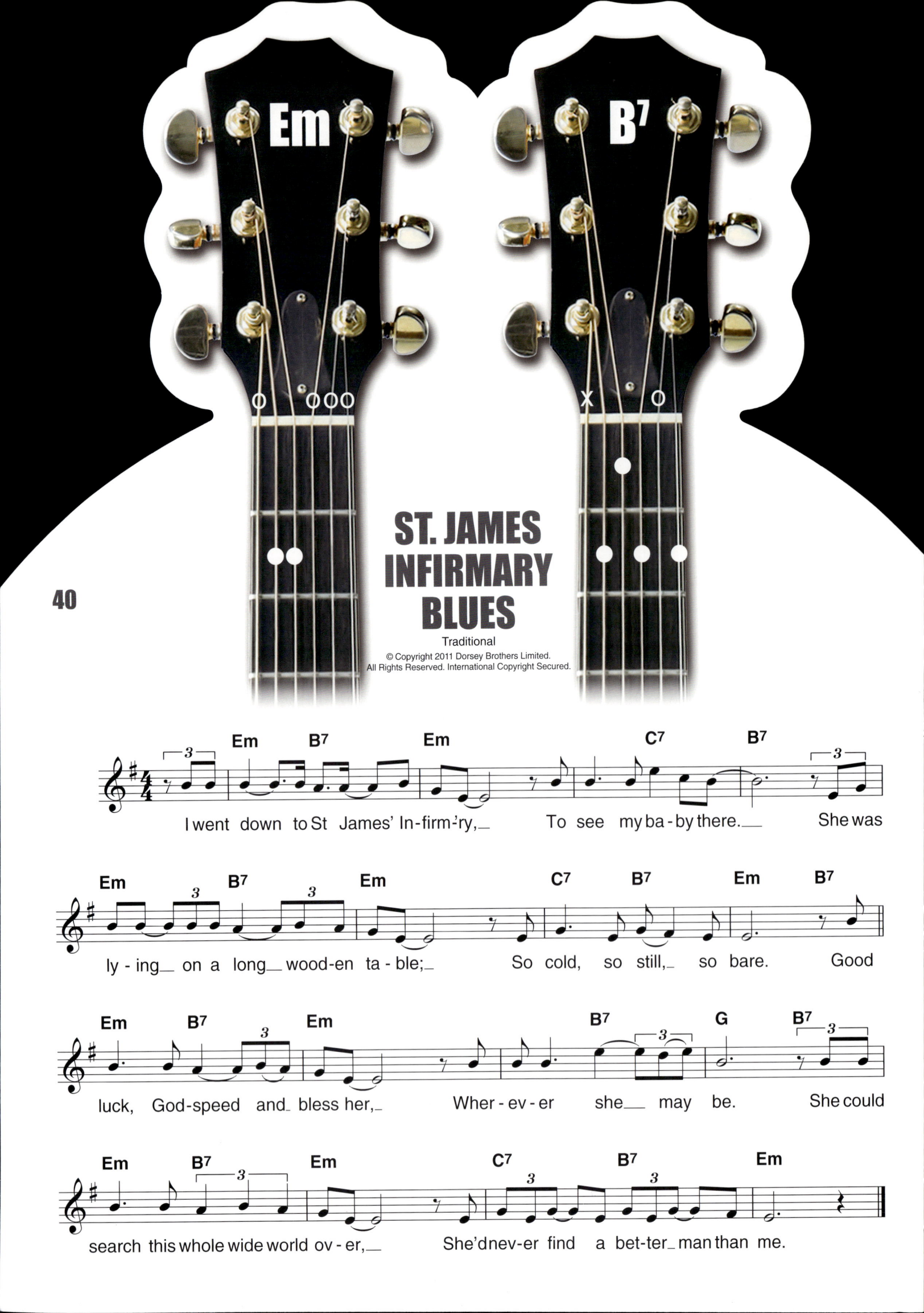

Traditional

© Copyright 2011 Dorsey Brothers Limited.
All Rights Reserved. International Copyright Secured.

I went down to St James' In-firm-'ry,— To see my ba-by there.— She was ly-ing— on a long— wood-en ta-ble;— So cold, so still,— so bare. Good luck, God-speed and— bless her,— Wher-ev-er she— may be. She could search this whole wide world ov-er,— She'd nev-er find a bet-ter— man than me.

C7 **G**

      Em   **B7**   **Em**
2. When I die,   you can bury me,

              C7   **B7**
In my high-top Stetson hat.

      Em   **B7**   **Em**
Put a twenty dollar gold piece on my watch chain,

        C7   **B7**   **Em**
And let the fellas know I died standin' pat.

      Em   **B7**   **Em**
I want six crap - shooters for pallbearers,

        B7   **G**   **B7**
Chorus girl to sing me a song.

      Em   **B7**   **Em**
Put a jazz band on my hearse wagon,

     C7   **B7** **Em**
Raise hell as I roll a - long.

SWING LOW, SWEET CHARIOT

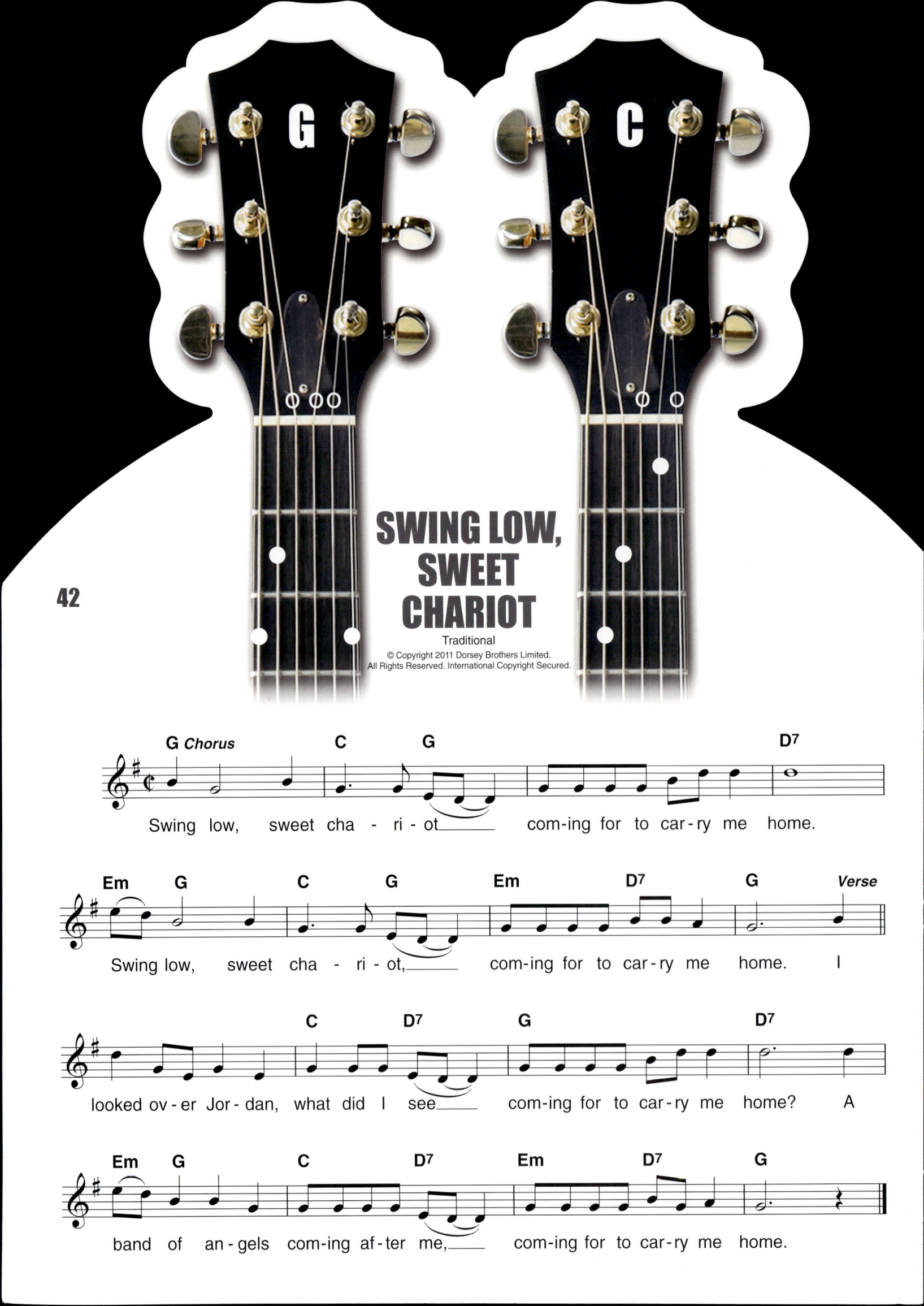

Traditional

© Copyright 2011 Dorsey Brothers Limited.
All Rights Reserved. International Copyright Secured.

G *Chorus* | **C** | **G** | **D7**
Swing low, sweet cha - ri - ot___ com-ing for to car-ry me home.

Em G | **C G** | **Em** | **D7** | **G** *Verse*
Swing low, sweet cha - ri - ot,___ com-ing for to car-ry me home. I

C | **D7** | **G** | **D7**
looked ov - er Jor - dan, what did I see___ com-ing for to car-ry me home? A

Em G | **C** | **D7** | **Em** | **D7** | **G**
band of an - gels com-ing af - ter me,___ com-ing for to car-ry me home.

```
         G                         C            D7
2.  Sometimes I'm up, and sometimes I'm down,

         G                  D7
    Coming for to carry me home.

         Em      G       C        D7
    But still my soul feels heavenly bound,

    Em             D7        G
    Coming for to carry me home.

    Chorus
```

```
         G                    C       D7
3.  The brightest day that I can say,

         G                  D7
    Coming for to carry me home.

         Em      G          C       D7
    When Jesus washed my sins away,

    Em             D7        G
    Coming for to carry me home.

    Chorus
```

```
         G              C      D7
4.  If I get there before you do,

                         D7
    Coming for to carry me home.

         Em     G          C        D7
    I'll cut a hole and pull you through,

    Em             D7        G
    Coming for to carry me home.

    Chorus
```

```
         G              C      D7
5.  If you get there before I do,

                         D7
    Coming for to carry me home.

         Em     G           C      D7
    Tell all my friends I'm coming too,

    Em             D7        G
    Coming for to carry me home.

    Chorus
```

WHEN THE SAINTS GO MARCHING IN

Traditional

© Copyright 2011 Dorsey Brothers Limited.
All Rights Reserved. International Copyright Secured.

I'm just a wear-y pil-grim plod-ding through this world of sin, Get-ting read-y for that Cit-y When the saints go march-ing in.

Chorus
When the saints go march-ing in, When the saints go march-ing in; Lord, I want to be in that num-ber, When the saints go march-ing in.

G

A⁷

     D   **D⁷ G**
2. My father loved the Saviour;

       D   **A⁷**
  What a soldier he had been!

       D   **D⁷ G**
  But his steps will be more steady,

        D   **A⁷**   **D**
  When the saints go marching in.

Chorus

     D   **D⁷ G**
3. And mother, may God bless her,

       D   **A⁷**
  I can see her now as then.

       D   **D⁷ G**
  With a robe of white a - round her,

        D   **A⁷**   **D**
  When the saints go marching in.

Chorus

     D   **D⁷ G**
4. Up there I'll see the Saviour,

       D   **A⁷**
  Who re - deemed my soul from sin.

       D   **D⁷ G**
  With ex - tended hands he'll greet me,

        D   **A⁷**   **D**
  When the saints go marching in.

Chorus

WILL THE CIRCLE BE UNBROKEN
Traditional
© Copyright 2011 Dorsey Brothers Limited.
All Rights Reserved. International Copyright Secured.

G I was stand-ing by my win-dow **C** on one cold and cloud-y **G** day, When I saw the horse come roll-ing, **A7** For to take my Moth-er a- **D7** way. *Chorus* Will the **G** cir - cle be un - bro - ken **C** by and by, Lord, by and **G** by? There's a **C** bet - ter home a - **G** wait - ing **D7** in the sky, **G** in the sky.

    G
2. Oh, I told the undertaker,
         C   G
   "Undertaker, please drive slow.

   For this body you are hauling,
         A7   D7
   Lord, I hate to see her go."

   Chorus

    G
3. I will follow close behind her,
         C   G
   Try to hold up and be brave;

   But I could not hide my sorrow,
           A7   D7
   When they laid her in the grave.

   Chorus

ALSO AVAILABLE

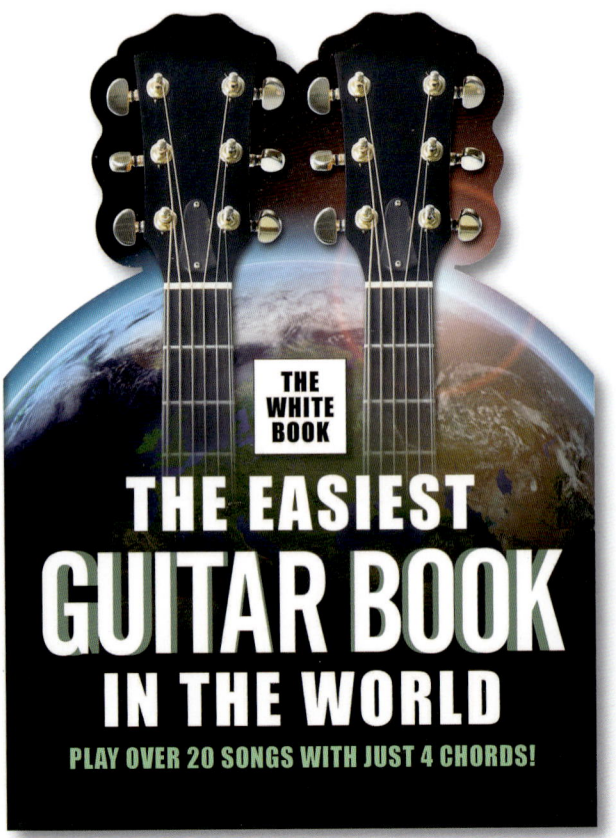

THE WHITE BOOK

THE WHITE BOOK

THE EASIEST GUITAR BOOK IN THE WORLD

PLAY OVER 20 SONGS WITH JUST 4 CHORDS!

- A-ROVING
- BANKS OF THE OHIO
- BATTLE HYMN OF THE REPUBLIC
- BELIEVE ME, IF ALL THOSE ENDEARING YOUNG CHARMS
- BLACK IS THE COLOUR OF MY TRUE LOVE'S HAIR
- BLOW THE MAN DOWN
- CARELESS LOVE
- CLEMENTINE
- CROSSROADS
- DING DONG MERRILY ON HIGH
- GO DOWN MOSES
- GOLDEN SLUMBERS
- HAVA NAGILA
- KUMBAYA
- THE MIDNIGHT SPECIAL
- POP GOES THE WEASEL
- RED RIVER VALLEY
- SCARBOROUGH FAIR
- SHE MOVED THROUGH THE FAIR
- SKYE BOAT SONG
- STEAL AWAY
- WEEPING WILLOW BLUES